GIRASSÓIS MADUROS

girassóis maduros

léo prudêncio

© Moinhos, 2017.
© Léo Prudêncio, 2017.

Edição:
Camila Araujo & Nathan Matos

Revisão:
LiteraturaBr Editorial

Diagramação e Projeto Gráfico:
LiteraturaBr Editorial

Ilustração da Capa:
'Insects of China' | retirado de Pl. 15 of "Natural history of the insects of China".

Capa:
LiteraturaBr Editorial
Léo Prudêncio

1ª edição, Belo Horizonte, 2017.

Nesta edição, respeitou-se o novo
Acordo Ortográfico da Língua Portuguesa.

P971g
prudêncio, léo | girassóis maduros
ISBN 978-85-92579-29-6
CDD 869.91
Índices para catálogo sistemático
1. Poesia 2. Poesia Brasileira I. Título

Belo Horizonte:
Editora Moinhos
2016 | 68 p.

Todos os direitos desta edição reservados à
Editora Moinhos
editoramoinhos.com.br
editoramoinhos@gmail.com

fazer o poema é estar na palavra
francisco carvalho

[outono | primavera]

1

o meu verso eu sei
parte do silêncio e de voos
soerguidos ao nada

2

o passarinho pousou
no galho florido. pausa
para ouvir sutras

3

aquele velho ipê
é hoje abrigo para pássaros
um asilo a céu aberto

4

poesia é assim:
só não se apaixona quem
não sente a dor da palavra

5

daqui da janela
avisto que o sol raiou —
menos eu e o girassol

6

observando o silêncio
das árvores compreendi melhor
a solitude dos monges

7

poesia: uma pausa
entre silêncio e outro
silêncio. vazio

8

manhã de sol —
pássaros me procuram
para árvore

9

que falta me faz
o mar nessas tardes densas
de mormaço. (sol)

10

ela se despiu cedinho:
pequenas pétalas caíram
sobre o chão

11

folhas secas
sobre o chão vermelho.
outono outra vez —

12

pássaros se atiram
do último andar não há
mortos nem feridos

13

flores roxas sobre
a mesa. girassóis no telhado.
lavoura de haijins

14

palavra arrancada
de mim eu te xilogravo
nesta folha em branco

15

cultuo o silêncio das
árvores: elas me ensinam a
viver sem alardes

16

o pequeno pássaro
aprecia seu reflexo no
lago. com folhas

17

me cheio de lua
me desconcerto de chão
me arvoro de si

18

expirou o prazo
da primavera. mas ainda
há flores em meu jardim

19

escutei o sol na
voz de um passarinho —
a noite foi breve

20

o meu silêncio
é nítido como uma
árvore frutífera

21

goiânia é uma solidão
marchando a cavalo pela
anhanguera

22

o que me ampara é o
chão — assim como os galhos
amparam as aves —

23

ao meio-dia ainda
enxergo a lua em riste
mas ainda faz sol

24

observo ao longe
o balançar das folhas
grisalhas da palmeira

25

o camaleão pintou-se
de sol para iluminar
os dias amenos

26

as nuvens ficaram
rente ao chão. baixaram.
baixou. baxô. bashô.

27

aprender a se des-
-prender de si: como as folhas
secas das árvores

28

envelhecemos:
eu e o pé de abacate:
sólida solidão:

29

pela tv assisto
o desbotar das flores brancas
dos flocos de neve

30

árvore vermelha —
sangue coagulado nas folhas:
já vem outra estação

31

esse voo alento
de folhas e flores são ruínas
da estação passada

32

tarde de sol — o vento
tenta sem resultado flutuar
as pétalas do ipê

33

aqui jaz o silêncio
a última flor desabrochou
repara na roseira

34

sinto cheiro do sol
mas só os girassóis do meu
quintal se enchem de luz

35

o caramujo é um
solitário andarilho
mochileiro errante

36

me perfura o silêncio
das árvores e das pedras —
solilóquio de almas

37

meditar a respeito
do silêncio audível das
árvores. outono

38

para alessandra bessa

exercício de poesia:
se deixar contaminar pelo
silêncio das árvores

39

a poesia floresce
do chão. habita nas asas
de algum pássaro

40

fui feito de chão
mas não crescem árvores
nem flores em mim

41

estava um sol abrasador
as árvores se descabelavam —
início de outono

42

tarde de mormaço.
pássaros cantam no muro.
eu: plateia solitária.

43

o barquinho de papel
serpenteia no lago de cinzas —
mais um sábado

44

o haicai me é revelado
como uma flor assim é
num dia de primavera

45

aos poucos. a lua
ressurge. no céu. corpulenta.
e. luxuriosamente. só.

46

o poeta é um arquipélago —
penso cá eu. por entre paredes
de folhas em branco.

47

o jabuti atravessa
a lagoa. as folhas secas
me naufragam

48

início de setembro —
o silêncio entra pesado
pelas janelas

49

o gatinho persegue
os vaga-lumes pensando
que são estrelas

50

tudo tão calmo que nem
reparei quando a manga
se jogou do 4º galho

51

pássaros nadando
pelo céu e pela terra
somente passarinhando

52

por sobre o chão que ela
pisa ainda há resquícios
do último outono

53

alta noite: estrelas
pousam nos galhos do velho
carvalho. segredo

54

observo ao longe
uma estrela se despindo
de silêncio

55

eu queria emprestado
a voz de um passarinho para
camuflar meu pranto

56

flores me olhando
na alameda chuviscada —
breve déjà-vu

57

pela manhã minha
pitangueira floresceu:
da escada sorri

58

tenho olhos fitos
para o desbotar do chão
. . . . .

59

uma estrela cadente
caiu sobre o papel. ilusão
passageira do poeta

60

uma árvore me
adotou para seu silêncio.
o haicai é meu fruto

61

no papel
curvaturas de desenhos
verbais: anilina

62

início de primavera —
flores tímidas se esticam
nos galhos: dia de sol.

63

no outono pedaços
de árvores despencam ao
chão: ventania

64

tateei o vento
que se mutilava por
entre galhos e folhas

65

por onde eu olho
há flores me perseguindo —
primavera em goiânia

66

em silêncio: o velho
canário se despede da roseira:
murcha porém jovial

67

lua baixa. sem estrelas
ao redor. mais uma vez a observo.
por entre os pinheiros.

68

nenhum raio de luz
foi capaz de envergar o
botãozinho de flor

69

meu cachorro latiu
a noite toda. mas isso não
intimida as estrelas

70

alguém escreveu
no caule do pé de romã:
amar é renascer

71

à suiane tavares

ainda me desfaleço
em flores — no final de um
dia de primavera

72

das profundezas do ser
emergem folhas secas. é
outono no âmago do poeta

73

observo ao longe
o suicídio de uma estrela.
visível desespero

74

a terra ficou prenhe:
do chão brotaram árvores, flores...
— mas elas não se desenraizam

75

o sol despencou
do galho de um velho
jacarandá

76

entardeço e me
calo. invadido pelo sol
que se põe em mim

77

peço silêncio:
há uma lua florescendo
às 5 da tarde

78

último dia de primavera:
ouço em casa o recital que
a chuva nos oferta

79

ainda voltarei a ser chão
para que por sobre mim brotem
árvores flores e rios

80

de volta pra casa:
ao casulo que me protege
da solidão das chuvas

81

por hoje: apenas
cheiro de sol e mormaço.
nenhuma nuvem à vista

82

faz três dias desde
a última chuva. mas nenhum
pássaro por aqui pousou

83

e quem sabe ser
uma planta. acordar pela
manhã banhado de orvalho

84

à beira de uma árvore
sentei. observei suas flores
e frutos: meditei

85

guardo no bolso
migalhas de nuvens e aquele
pôr do sol de outono

86

não fui feito apenas
do barro há vestígios de mar
rebatendo em meu peito

87

como uma árvore
pensa de frutos o poeta
escreve

88

assim ele definiu a
poesia que o cercava: um
cardume de silêncios

89

me eremito:
como um elefante à
beira-morte — outono

90

goiânia amanheceu
fria. poucos pássaros e um sol
amputado por nuvens

91

é com um abismo
de sol que a tarde
se enterra

92

o meu viver é
um constante mudar
de estação

93

a palavra me
continua para quando
eu for. é tudo o que sei

94

ser como uma ilha
rodeada por terra. sem flores:
em uma estação qualquer

95

no momento contemplo
um céu sem nuvens. só sol
por todos os lados

96

pássaro azul —
as manhãs brotam após
o teu luminoso cantar

97

árvores comunicam
pelo silêncio de suas folhas
caindo ao chão. outono

98

pós-chuva: a
flor orvalheceu — era
madrugada ainda

99

eu sou uma sucessão
de verões inacabados
oásis de mormaço

posfácio

a poesia desse livro é como uma chuva que vai escorrendo pelos olhos do leitor e vai brotando orvalhos de múltiplas sensações. de leve toque panteísta, o eulírico nos faz sentir que a natureza é um lugar que nos habita, nos reflete e nos transforma: somos a própria natureza. esse lugar nos faz entender a nós mesmos e os outros. ele diz:

> *observando o silêncio*
> *das árvores compreendi melhor*
> *a solitude dos monges*

assim, os belos versos são plantados na terra de goiânia e nascem no despontar do sol. observe:

> *goiânia é uma solidão*
> *marchando a cavalo pela*
> *anhanguera*
>
> *[...]*
>
> *daqui da janela*
> *avisto que o sol raiou —*
> *menos eu e o girassol*

com isso nos deparamos com flores diversas de cheiros di(versos), banhados na filosofia do tempo, que refletem sua solidão: a metafísica dos silêncios e das sombras nos momentos vividos pelo poeta.

léo prudêncio nos faz compreender o mistério que nos liga à substância dos girassóis, pois a própria imagem do girassol é um lugar em nós mesmos — uma criação nossa — uma sutil poesia que desponta em momentos inesperados. como os girassóis — que seguem o movimento do sol e declinam na noite —, o eu-lírico é imerso em sensações contraditórias que ora negam e ora afirmam os sentimentos em seu interior.

o livro é uma árvore cheia de galhos, flores e frutos. os haicais são os galhos que despontam infinitamente e constroem a árvore/poema (que tem a solidão como adubo para o nascer de suas flores). o poeta diz:

> *envelhecemos:*
> *eu e o pé de abacate:*
> *sólida solidão:*

tudo, dentro do poeta, é passageiro, como o vento, como as nuvens e como as aves que fogem no caminho do céu. mas há uma sutil cadência que o faz estar em harmonia com a natureza... onde o passado é uma impressão da memória, onde o passado está sempre se reconstruindo no chão onde pisa o poeta: na dor que o enlaça, na lua passageira, na reflexiva chuva cristalina e no próprio transcorrer da vida. observemos mais um galho/poema:

> *a poesia floresce*
> *do chão. habita nas asas*
> *de algum pássaro*
>
> *[...]*
>
> *esse voo alento*
> *de folhas e flores são ruínas*
> *da estação passada*

nesse sentido o inesperado, que toma o poeta, é a marcha daquilo que pode se tornar poema. tudo é poema e gira... gira... sol... girassolidão... que vai maturando suavemente no tempo o entender do (uni) verso.

> *observo ao longe*
> *uma estrela se despindo*
> *de silêncio*

o silêncio é um mágico lugar! ele grita e diz muito. o silêncio atinge a alma dos seres e está no interior e exterior do poeta e pode virar música e pode virar dor.

os poemas possuem um eu-lírico exótico e contemplativo que não pode agir de outra maneira a não ser meditando acerca dos mistérios das coisas. com isso as palavras são um microcosmo, um lugar habitável, uma dimensão livre e cheia de múltiplas estações. há uma mescla do mundo/sonho com o que está sendo buscado na expressão da escrita:

> *uma estrela cadente*
> *caiu sobre o papel. ilusão*
> *passageira do poema*

há, portanto, um universo que se condensa com a poesia e traz imagens que penetram nas suas veredas. percebemos que a natureza está no interior do poeta e o interior do poeta está na natureza. com isso o lugar metafísico de *girassóis maduros* nos convida a olhar de maneiras diferentes as nuances das coisas.

essas imagens podem girar e se fragmentar, pois não possuem começo nem fim. é a própria extensão da vida, já não é dado a compreender como foi origem do mundo e para onde vamos... porém nós (gi)ramos e (ge)ramos um lugar a contemplar, um mundo próprio. dessa maneira o livro nos possibilita brincar de vida e escolher os poemas na ordem que quisermos.

a palavra, tudo que existe dentro das certezas:

*a palavra me
continua para quando
eu for. é tudo o que sei*

a palavra é o mundo que realmente existe. somos a própria palavra e cada ser é a sua própria morada da palavra que constroem as cadências de seu mundo... e só é rompido quando este se depara com o amor:

*alguém escreveu
no caule do pé de romã:
amar é renascer*

(romã) anagrama de amor. pé de amor (ao contrário). o amor inverte o mundo que é plantado e é cheio das verdades humanas. o homem é um girassol — e o amor é o que o gira — e que o faz aos poucos amadurecer diante da imensidão de si mesmo. compreende a natureza que existe dentro do seu interior e que tudo está em seu interior e deve ser amor. mas o poeta é sempre um lugar inacabado, como diz léo, olhando pro tempo:

*eu sou uma sucessão
de verões inacabados
oásis de mormaços*

já que a sua poesia é o amor pela vida e o faz navegar nos detalhes dos seres, que verdadeiramente tocam o seu coração. com isso o poeta lança mão de ser homem-humano e volta a essência das coisas:

> *ainda voltarei a ser chão*
> *para que por sobre mim brotem*
> *árvores flores e rios*

[alessandra bessa][1]

---

[1] Mestranda em Literatura Comparada pela Universidade Federal do Ceará (UFC) e autora do livro *Arcanos maiores e a valsa leve*, publicado em 2014.

Este livro foi composto em tipologia Adobe Garamond Pro
no papel pólen bold pela PSI7 Gráfica para a Editora Moinhos
enquanto Vital Farias tocava *Bandeira desfraldada*.